Dyma Pedr Pedwar. Mae'n byw rhwng Twm Tri a Poli Pump ar Stryd y Rhifau.

Mae Pedr Pedwar wrth ei fodd gyda gemau ar y sgrin. Mae ganddo bedwar peiriant gemau!

Mae Twm Tri a Poli Pump wedi dod i dŷ Pedr Pedwar. "Beth am chwarae gêm rasio ceir ar y sgrin?" meddai Pedr Pedwar.

Mae Twm Tri yn dewis y car yma yn y gêm. Dyma gar Pedr Pedwar. Mae car Poli Pump yn edrych fel hyn.

Hwrê! Mae Pedr Pedwar yn ennill y gêm! Ei gar o sydd gyflymaf.

Mae Twm Tri, Pedr Pedwar a Poli Pump
yn chwarae'r gêm rasio bedair gwaith,
ac mae Pedr Pedwar yn ennill bob tro.
Da iawn, Pedr Pedwar!

"Beth am chwarae gêm arall?" Maen nhw'n dechrau chwarae gêm adeiladu.

Mae Pedr Pedwar yn adeiladu'r waliau.
Un, dwy, tair, pedair bricsen!

Mae Twm Tri yn rhoi ffenestri yn y tŷ.
Un, dwy, tair ffenestr!

Mae Poli Pump yn rhoi blodau yn y pot.
Pedwar blodyn pinc, ac un blodyn glas.
Dyna bum blodyn!

"Mae'r blodau mor dlws! Beth am fynd allan i chwarae yn yr ardd go iawn?"

Ydych chi'n gweld
4 o'ch cwmpas?